¿Es tu primer funeral?

Un manual para niños

Is This Your First Funeral?

A Child's Primer

Jimmy Huston

Cosworth Publishing
21545 Yucatan Avenue
Woodland Hills CA USA
91364
www.cosworthpublishing.com

Para más información sobre este consentimiento,
escríbanos a office@cosworthpublishing.com.

For information regarding permission,
please send an email to office@cosworthpublishing.com.

*Dedicado a
los abuelos y abuelas.*

*Dedicated to
grandma and grandpa
and gramma and gramps.*

Este es un momento triste.

Te has enterado de que vas a ir a un funeral.

Puede que te estés preguntando qué significa eso.

Esta es una guía de algunas de las cosas que puedes experimentar en el camino.

This is a sad time.

You've heard you're going to a funeral.

You may be wondering what that means.

This is a guide to some of the things you may experience along the way.

La palabra es muerte. No se puede eludir.

Es la razón por la que estás leyendo este libro.

The word is death. There's no getting around it.

It's the reason you're reading this book.

Pérdida

Alguien se ha ido de tu vida.

Un funeral es la oportunidad de todos de decir adiós. Es una forma de compartir el momento.

Es un momento de respeto.

Si nunca has perdido a alguien así, es un momento especialmente duro.

Loss

Someone is gone from your life.

A funeral is everyone's chance to say good-bye. It's a way to share the moment.

It's a moment of respect.

If you've never lost someone like this before, it's an especially hard time.

A veces la muerte de una persona no es una sorpresa, por la edad o la salud.

Eso ya es bastante malo. A veces es una sorpresa trágica, un accidente, un problema de salud repentino, un crimen o incluso un acto de guerra.

Puede ser aún más impactante cuando se trata de alguien joven. Un adolescente, un niño o un bebé. No es justo, pero sucede.

Sometimes a person's death is not a surprise, because of age or health.

That's bad enough. Sometimes it's a tragic surprise, an accident, a sudden health issue, a crime, or even an act of war.

It can be even more shocking when it's someone young. A teenager, a child, or an infant. It's not fair, but it happens.

¿Cómo va a ser un funeral?

¿Qué tengo que hacer?

¿Va a dar miedo?

¿Cómo me voy a sentir?

No te preocupes. Todo va a salir bien.

What's a funeral going to be like?

What do I have to do?

Is it going to be scary?

How am I going to feel?

Don't worry. Everything is going to be fine.

Si realmente te preocupa ir a este funeral, aquí tienes una idea. Quizá no tengas que ir.

Explícale cómo te sientes a un adulto en quien puedas confiar. Explícale por qué no quieres ir. Tal vez no tengas que ir.

If you're really worried about going to this funeral, here's a thought. Maybe you don't have to go.

Explain how you feel to an adult that you can confide in. Explain why you don't want to go. Perhaps you won't have to.

Sentimientos

Cuando se pierde a alguien, duele. El tiempo ayuda un poco, pero es lento.

Lote de pensamientos vendrán corriendo. Pensamientos tristes, claro, pero también pensamientos felices. Incluso pensamientos divertidos.

Eres más fuerte de lo que crees.

Feelings

When someone is lost, it hurts.

Time helps a little, but it's slow.

A lot of thoughts will come rushing in. Sad thoughts, sure, but also happy thoughts. Even funny thoughts.

You are stronger than you feel.

Dar el pésame

Es tener simpatía. Y empatía, que es una palabra sentida para compartir.

Así es como nos ayudamos unos a otros a superar los momentos tristes.

Condolences

That's giving and receiving sympathy. And empathy, which is a heartfelt word for sharing.

It's how we help each other get through sad times.

Llorar

Está bien llorar. Y
está bien no llorar.
Cada uno afronta
las cosas a su
manera.

Crying

It's okay to cry. And,
it's okay not to cry.
Everyone faces
things in their own
way.

Reírse

Puede parecer extraño y fuera de lugar, pero vas a ver a gente riéndose. ¿Cómo es posible?

Puede ser una liberación, un dejar ir los sentimientos.

Puede ser una celebración de la persona que se ha ido, o un recuerdo de tiempos mejores que se compartieron.

Laughing

It may seem strange and out of place, but you're going to see people laughing. How is that possible?

It may be a release, a letting go of feelings.

It may be a celebration of the person who's gone, or a memory of better times that were shared.

Abrazos.
Habrá muchos abrazos (te guste o no). Trata de entender los sentimientos. Los abrazos pueden ayudarnos a todos.

Hugging

There will be a lot of hugging (whether you like it or not).

Try to understand the feelings involved. Hugs can help us all.

Compartir

Tus pensamientos son importantes para los demás.

No sólo compartes historias y recuerdos.
Compartes risas y compartes dolor.

Tus sentimientos ayudan a otras personas, y los
suyos pueden ayudarte a ti.

Sharing

Your thoughts are important to others.

You're not just sharing stories and memories.
You're sharing laughs and you're sharing pain.

Your feelings help other people, and theirs can
help you.

La ira

Cuando la gente muere de forma inesperada, quedan atrás muchas emociones. Una de las más sorprendentes es la ira: ira contra la persona que ha muerto.

Al principio no parece justo, pero es normal. A menudo hay asuntos pendientes, o lazos emocionales que nunca tendrán la oportunidad de terminarse o resolverse. Se siente como una traición. Está bien sentirse así.

Anger

When people die unexpectedly, a lot of emotions are left behind. One of the most surprising is anger — anger at the person who died.

That hardly seems fair at first, but it's normal. There is often unfinished business — or emotional ties that will never have a chance to be finished or resolved. It feels like a betrayal. It's okay to feel this way.

Discutir

Cuando las cosas se ponen tensas o emocionales, la gente alivia la tensión de formas poco habituales. A veces discuten. Puede parecer que dos o más personas que normalmente se llevan bien nunca volverán a estar en paz.

Arguing

When things get tense or emotional, people relieve the strain in unusual ways. Sometimes they argue. It can seem like two or more people who usually get along will never see peace again.

Viajar

No es raro viajar para asistir a un funeral. Puede
ser un viaje corto en coche, pero también puede ser
un viaje largo, quizás incluso a través del país.

El estado de ánimo del viaje puede ser
completamente diferente al motivo del mismo. Los
demás piensan que es un día normal. No saben por
qué viajas.

Travel

It's not unusual to travel for a funeral. It could be a short car ride, but it could also be a long trip, perhaps even across the country.

The mood of the trip can be completely different than the reason for it. Everybody else thinks it's a normal day. They don't know why you're traveling.

La funeraria

Es probable que vaya a una funeraria donde se encargan de todos los preparativos.

Aquí es donde se guarda al difunto hasta el funeral. A veces la gente va allí para ver a la persona y despedirse.

Es normal sentir curiosidad, pero tampoco pasa nada si no quieres ir.

The Funeral Home

You will probably go to a funeral home where they take care of all of the arrangements.

This is where the departed is kept until the funeral. Sometimes people go there to view the person and say farewell.

It's normal to be curious, but it's also okay if you don't want to go.

Flores

Habrá muchas flores
por todas partes.
Puede que incluso
demasiadas.

Las flores significan
cosas diferentes para
cada persona. Traen
recuerdos. Simbolizan
la esperanza.

Disfrútalas.

Flowers

There will be lots of flowers everywhere.
Maybe even too many flowers.

Flowers mean different things to different
people. They bring back memories. They
symbolize hope.

Enjoy them.

La religión

Muchas personas se consuelan con la religión, especialmente en momentos difíciles como éste. Un sacerdote, ministro, imán o rabino puede ofrecer orientación en momentos difíciles.

Dependiendo de la fe de la persona, puedes aprender sobre una religión diferente a la tuya.

Religion

Many people take comfort in religion, especially in difficult times like this. A priest, minister, imam, or rabbi can offer guidance in difficult times.

Depending on the faith of the person, you may learn about a different religion than your own.

Ceremonias

La mayoría de los funerales se celebran en un lugar de culto o en una funeraria.

Se habla de la persona fallecida. Puede haber un breve sermón, oraciones y canciones. Algunos servicios son formales y silenciosos. Otros son amistosos y ruidosos, con muchas historias y risas en medio de la tristeza.

A menudo, la persona está allí, tumbada en un ataúd. Incluso puede estar abierto para que la gente pueda despedirse. Puede que quieras ver a la persona por última vez, pero no es necesario. A veces el ataúd ya está cerrado.

Ceremonies

Most funerals take place in either a place of worship or a funeral home.

People will speak about the departed. There may be a short sermon, along with prayers and songs. Some services are formal and hushed. Others are friendly and loud, with lots of stories and laughter amid the sadness.

Often, the person is there, lying in a casket. It may even be open so that people can say good-bye. You may want to see the person for one last time, but you don't have to. Sometimes the casket is already closed.

Habrá muchos recuerdos que compartir. Puede haber fotografías de la vida de la persona. También puede haber películas o vídeos caseros. O música que era importante para él o ella.

There will be lots of memories to share. There may be photographs of the person's life. There might also be home movies or videos. Or music that was important to him or her.

Hablando

La gente hablará del difunto.

Ocurrirá durante la ceremonia y en cualquier servicio conmemorativo, pero también ocurrirá más allá de eso.

Puede ser un discurso ante una sala llena de oyentes, pero también puede ser algo más informal, como comentarios durante una comida o mientras se viaja en coche.

Los adultos son los que más hablan, pero cuando un niño quiere decir algo, a menudo se le permite, e incluso se le anima, a hablar.

A veces los niños dicen las cosas con más claridad y elocuencia que los adultos. Puede que quieras contar una historia, o simplemente puedes decir lo que esa persona significó para ti.

Si crees que vas a querer expresar lo que piensas, díselo a alguien. Puede que te sorprenda lo contentos que se ponen al escucharte.

Habla con el corazón.

Speaking Up

People will be talking about the departed.

It will happen during the ceremony, and at any memorial service, but it will also happen more than that.

It may be a speech in front of a room full of listeners, but it also may be more casual than that, like comments over a meal or while riding in a car.

Grownups will be doing most of the talking, but when a kid wants to say something, they are often allowed, and even encouraged, to speak.

Kids sometimes say things more clearly and eloquently than adults. You may want to tell a story, or you can just say what the person meant to you.

If you think you will want to express your thoughts, let someone know. You may be surprised by how pleased they are to hear from you.

Just speak from your heart.

Cementerios

Este es el lugar de descanso final. Aquí es donde te despides. También es donde puedes volver más tarde para saludar de nuevo.

Cemeteries

This is the final resting place. This is where you say good-bye. It's also where you can come back later to say hello again.

Entierro

Es algo extraño ver cómo bajan a alguien a un agujero en la tierra y luego lo cubren con tierra y flores. Entonces, se acabó.

Después de eso, todo se trata de sanar y seguir adelante. La gente probablemente se reunirá en algún sitio y hablará, comerá y beberá. Todo empieza a mejorar poco a poco.

Burial

It's a strange thing to watch someone be lowered into a hole in the ground and then be covered up with dirt and flowers. Then, it's over.

After that, everything is about healing and going forward. People will probably get together somewhere and talk and eat and drink. It slowly starts to get better.

Cremación

Algunas familias optan por la incineración en lugar del entierro. Los restos se queman hasta que se convierten en cenizas. Se trata de una antigua tradición en muchas culturas.

Después, las cenizas suelen esparcirse en un lugar especial al que asisten unos pocos amigos íntimos y familiares. Puede ser a la orilla del mar, en la cima de una montaña o en otro lugar especial.

Cremation

Some families choose cremation instead of burial. The remains are burned until they are converted into ash. This is an ancient tradition in many cultures.

Afterwards, the ashes are usually spread in a special place with a few close friends and family members attending. It could be at the seaside or on a mountaintop or some other special place.

33

El duelo

Tras la pérdida de un ser querido, el duelo puede volverse una locura. Puede ser cualquier cosa. Es la forma en que alguien afronta la pérdida, la tragedia, la sensación de abandono.

Puede ser tan simple como llorar, pero puede ir a mayores.

El duelo puede durar mucho, mucho tiempo, y eso está bien. Así es como nos curamos.

Grief

After the loss of a loved one, grieving can get kind of crazy. It can be anything. It's the way someone deals with the loss, the tragedy, the sense of abandonment.

It can be as simple as crying, but it can go big.

Grieving can last a long, long time — and that's okay. It's how we heal.

La celebración

Por extraño que parezca, parte del duelo consiste en celebrar. Toda vida merece una celebración. Puedes llamarla velatorio o fiesta. Probablemente habrá más historias, algunas canciones, unos cuantos chistes malos y quizás algo de bebida. ¡Y mucha buena comida!

Celebration

Strangely enough, part of grieving is celebrating. Every life deserves a celebration. You can call it a wake or a party. There will probably be even more stories, some songs, a few bad jokes, and perhaps some drinking. And lots of good food!

Conmemoración

Cualquier forma especial de recordar puede ser una conmemoración.

Las conmemoraciones pueden adoptar muchas formas. Puede ser un monumento junto a la tumba o una donación especial a una organización benéfica. Un memorial puede estar en línea, o puede ser una obra de arte o un parque.

También puede ser otra fiesta o celebración que se aleja de la tristeza y el luto de la mayoría de los servicios funerarios.

Los funerales pueden ser servicios que tienen lugar en un lago, en una playa, en un restaurante o dondequiera que la gente pueda reunirse y celebrar.

Memorial

Any special way of remembering can be a memorial.

Memorials can take many forms. It may be a graveside monument or a special donation to a charity. A memorial can be online, or it can be a work of art or a park.

It could also be another party or celebration that is removed from the sadness and mourning of most funeral services.

Memorials can be services that take place at a lake or a beach or a restaurant or wherever people can gather and celebrate.

Recordar

Mucho tiempo después del funeral y de la ceremonia conmemorativa, seguirás teniendo pensamientos sobre todo esto y sobre todos los buenos momentos que vinieron antes.

En algunas religiones se cree que una persona está viva mientras los demás la recuerden, y es un bonito pensamiento.

Remembering

Long after the funeral and the memorial service, you'll still have thoughts about all this and about all the good times that came before it.

People in some faiths believe that a person is alive as long as that person is remembered by others, and that's a nice thought.

Que sepas
que tendrás
recuerdos de esa
persona el resto
de tu vida.

Y cuando todo
haya terminado,
un funeral
es también
una forma de
recordar lo bueno
que es estar vivo.

Know that you'll
have memories
of this person for
the rest of your
life.

And when it's all
over, a funeral
is also a way to
remind ourselves
how good it is to
be alive.

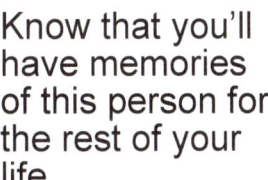

Glosario

Probablemente conozca la mayoría de estas palabras, pero es posible que oiga palabras nuevas o utilizadas de una forma nueva.

amado - a veces se utiliza para referirse a la persona fallecida.
bendición - la oración final de una ceremonia.
afligidos - los seres queridos que quedan atrás.
ataúd – un contenedor funerario para los restos mortales.
féretro - otra palabra para ataúd.
condolencias – una expresión de pesar hacia otra persona.
forense - médico que examina el cadáver.
cortejo - cortejo fúnebre.
cremación - convertir un cuerpo en cenizas.
muerte - el final de la vida de una persona.
fallecido - una persona que ha muerto.
difunto - la persona que se ha "ido".
empatía - compartir sentimientos con otra persona.
funeral – una ceremonia al final de la vida.
funeraria - lugar de velatorio y duelo.
coche fúnebre – un vehículo digno para el transporte de restos mortales.
entierro - colocación de un cuerpo en una tumba o sepulcro.
monumento conmemorativo - cualquier forma de recuerdo.
monumento – una lápida para una tumba.
tanatorio - lugar donde se organizan los funerales.
duelo - compartir sentimientos por la pérdida de una vida.
cepelio – grupo de coches que se dirigen a un cementerio.
Restos – cuerpo de una persona tras su muerte.
Shiv'ah – un período de luto de siete días.
simpatía - expresión de dolor compartido.
urna – un recipiente para guardar las cenizas tras la incineración.
vigilia – una velación compartida tras un fallecimiento.
velación – celebración de la vida tras un funeral.

Glossary

You probably know most of these words, but you may hear new words, or words used in a new way.

beloved - sometimes used to mean the dead person.
benediction - the closing prayer of a ceremony.
bereaved - the loved ones left behind.
casket - a burial container for remains.
coffin - another word for casket.
condolences - an expression of sorrow to another.
coroner - a doctor who examines the body.
cortege - a funeral procession.
cremation - converting a body to ashes.
death - the end of a person's life.
deceased - a person who has died.
departed - the person who has "left."
empathy - sharing feelings with another.
funeral - a ceremony at the end of one's life.
funeral home - a place for viewing and mourning.
hearse - a dignified vehicle for transporting remains.
interment - placing a body in a grave or tomb.
memorial - any form of remembering.
monument - a headstone for a grave.
mortuary - where funeral arrangements are made.
mourning - sharing feelings for the loss of a life.
procession - the group of cars going to a cemetery.
remains - a person's body after death.
shiva - a seven day mourning period.
sympathy - an expression of shared grief.
urn - a vessel for storing ashes after cremation.
vigil - a shared watch after a death.
wake - a celebration of life after a funeral.

Sobre el autor

Jimmy Huston es natural de Athens, Georgia, pero ahora vive en Woodland Hills, California, con su mujer y su perro. Es guionista y cineasta ocasional. Sus aficiones son quejarse y no bailar.

About the Author

Jimmy Huston is a native of Athens, Georgia, but now lives in Woodland Hills, California with his wife and dog. He is a sometime screenwriter and filmmaker. His hobbies are complaining and not dancing.

Otros libros infantiles extraños de Jimmy Huston
Other odd children's books from Jimmy Huston
www.byjimmyhuston.com

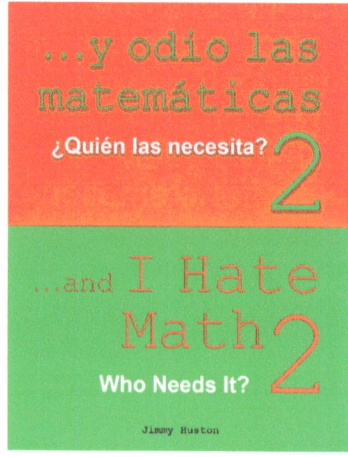

Otros libros de Cosworth Publishing
More books from Cosworth Publishing
www.cosworthpublishing.com

¿Quién* compra libros para un niño con dislexia?

Dar un libro de autoayuda a un niño disléxico es como ofrecer un vaso de agua a alguien que se está ahogando.

Así que pide que alguien te lo lea para escucharlo y pensar sobre él – y mira los dibujos.

* Alguien que se preocupa.

Otros libros de Cosworth Publishing
Other books from Cosworth Publishing
www.cosworthpublishing.com

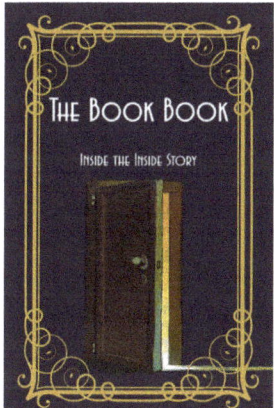

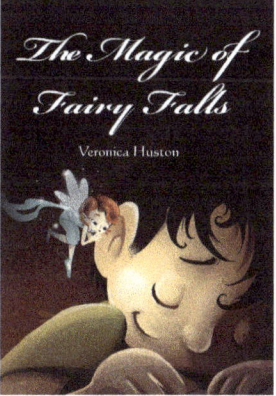

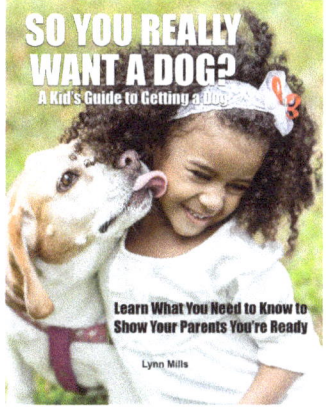

ENCUÉNTRALO ALLÁ DONDE ODIEN LOS LIBROS

Si estás leyendo esto, este libro no te va a gustar.

No es para ti.

Este libro es para las personas que no lo están leyendo.

A ellos tampoco les gustará, pero es corto.

Eso les gustará.

En español y inglés.

"En realidad no leí este libro. Si lo hubiera leído me habría encantado — pero nunca lo haré."   *Billy*

"La palabra odio no alcanza. Detesto leer. Ni siquiera me gusta mirar los dibujos - que además no tiene."   *Wally*

"Esto no es lo que escribí sobre este estúpido libro."   *Zane*

"Este es un gran libro para la mesita, si tu mesita odia leer."   *Solomon*

"Este libro hizo llorar a mi profe."   *David*

"Mi hijo amó este libro. Dijo que estaba delicioso."   *Sr. Jones*

"ESTE LIBRO ES TAN ESTÚPIDO QUE HASTA YO PODRÍA HABERLO ESCRITO."   *Jimmy*

www.i-hate-to-read.com

Otros libros de Cosworth Publishing
Other books from Cosworth Publishing
www.cosworthpublishing.com

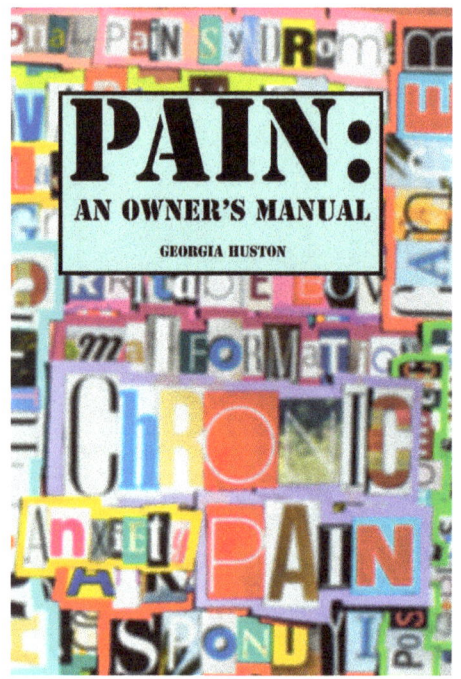

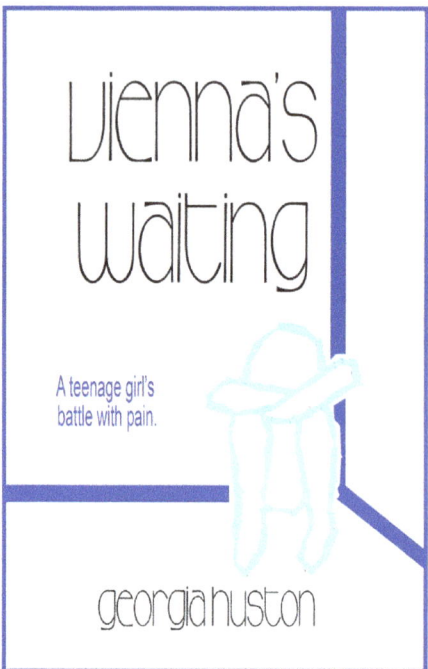